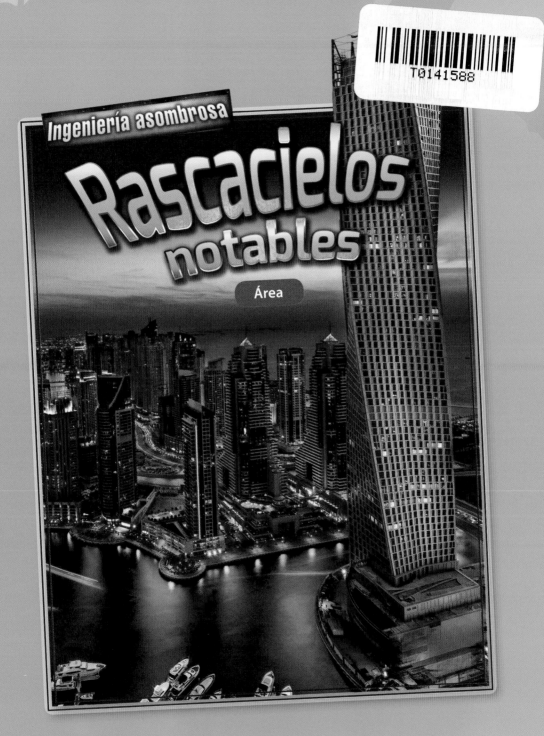

Ingeniería asombrosa

Rascacielos notables

Área

Stacy Monsman, M.A.

Autora contribuyente

Christina Hill, M.A.

Asesoras

Michele Ogden, Ed.D
Directora, Irvine Unified School District

Jennifer Robertson, M.A.Ed.
Maestra, Huntington Beach City School District

Créditos de publicación

Rachelle Cracchiolo, M.S.Ed., *Editora comercial*
Conni Medina, M.A.Ed., *Gerente editorial*
Dona Herweck Rice, *Realizadora de la serie*
Emily R. Smith, M.A.Ed., *Realizadora de la serie*
Diana Kenney, M.A.Ed., NBCT, *Directora de contenido*
Stacy Monsman, M.A., *Editora*
Kevin Panter, *Diseñador gráfico*

Créditos de imágenes: pág. 7 Foto gentileza de Aurelien
Guichard; págs. 12 y contraportada Foto gentileza de
Kelly Harvey; pág. 15 Jose M. Osorio/TNS/Newscom;
págs. 16, 17, 18 View Pictures/UIG via Getty Images; pág.
19 View Pictures Ltd/Alamy Stock Photo; pág. 25 Nation
Multimedia Group; todas las demás imágenes de iStock
y/o Shutterstock.

Teacher Created Materials
5301 Oceanus Drive
Huntington Beach, CA 92649-1030
http://www.tcmpub.com

ISBN 978-1-4258-2894-3
© 2018 Teacher Created Materials, Inc.
Made in China
Nordica.102017.CA21701218

Contenido

Torres hacia el cielo

"¡Sube!" puede oírse en los ascensores de muchos edificios. Algunos edificios solo tienen algunos pisos. Pero otros son tan altos que parece que tocaran el cielo. ¡Por eso se los llama "rascacielos"!

Algunos rascacielos son lugares para vivir. Algunos son lugares para trabajar. Otros son lugares para ir de compras. Incluso hay algunos con montañas rusas que van por el aire. ¡Y muchos rascacielos tienen todo esto (y más) bajo un mismo techo!

Dubái

Hay rascacielos en todo el mundo. Pero algunos rascacielos se destacan por algo más que tan solo su altura. Pueden ser algunos de los edificios más inusuales de un país. Desde Chicago hasta Dubái, y las ciudades que están en el medio, hay algunos edificios conocidos por ser únicos. ¿Qué tesoro elevado será tu favorito?

Chicago

Tecnología de punta

Todos los edificios necesitan algún tipo de tecnología. Los ayuda a ser sólidos y a soportar el peso. Permite la provisión de energía, ventilación y agua. Pero esas son cosas básicas. La tecnología se puede usar de maneras increíbles. Puede hacer que los rascacielos sean aún más especiales. Y también puede ayudar a darles una apariencia única. ¡Algunos hasta se inspiraron en ella!

El edificio Lloyd's

Atrio en el edificio Lloyd's

De adentro para afuera

Lloyd's of London ha estado en el negocio de los seguros desde 1688. Pero su edificio es mucho más nuevo. Lloyd's quería más espacio en su interior. Por lo tanto, ¡los diseñadores del edificio llevaron el interior hacia afuera! La mayoría de los escalones y los ascensores están en el exterior. Y también los sistemas de ventilación, agua y electricidad. Esto brinda más espacio para hacer negocios.

El interior del Lloyd's también es especial. En la cima de sus tres torres principales hay un **atrio** de 200 pies (60 metros). Posee un techo de vidrio que permite el paso de la luz natural. ¡También hay un salón comedor del año 1763! Fue colocado en el nuevo edificio pieza por pieza.

Castalia

Algo antiguo, algo nuevo

El objetivo de Castalia, un edificio gubernamental en los Países Bajos, era que se pareciera al resto de la ciudad. Pero con 340 ft (104 m) de alto, ¡fue imposible que no resaltara!

La cima de este rascacielos de 20 pisos tiene forma de triángulo. Los techos son solo algunas de las características **distintivas** del edificio. Lo transformaron en un **punto de referencia**.

Las ventanas de Castalia también son especiales. Están hechas con cuadrados de vidrio.

1. ¿Cuántos cuadrados hay en cada hilera? ¿Cuántos cuadrados hay en cada columna?

2. ¿Cuántos cuadrados se necesitarían para reemplazar cada ventana? Explica tu razonamiento.

3. ¿Cuántos cuadrados se necesitarían para reemplazar 2 ventanas? ¿Cómo lo sabes?

El Castalia original fue construido en la década de 1960. Los dueños querían algo más nuevo y grande. Pero los diseñadores no querían demolerlo. Por lo tanto, construyeron un nuevo edificio alrededor del viejo. Cubrieron las paredes y el techo. Luego colocaron las nuevas torres triangulares encima. Unir las partes viejas con las nuevas parecía un trabajo difícil. Pero lo diseñadores tenían la tecnología correcta para hacerlo. ¡Y funcionó! ¿Puedes diferenciar lo viejo de lo nuevo?

Pantalones para un gigante

¿Cuál sería la talla de pantalones de un gigante? ¡Viaja a China para descubrirlo! Algunos piensan que la sede de la Televisión Central de China (TVCC) en Pekín parece un par de enormes pantalones. Pero el propósito de este edificio de 44 pisos fue que luciera como un bucle. Debía mostrar que la televisión es un bucle interminable de cosas para ver.

Sede de la TVCC

Debido a que el edificio se encuentra en una zona **sísmica**, se tuvo que construir teniendo en cuenta los terremotos. El edificio terminado ahora posee seis secciones. Los visitantes pueden subir hasta un mirador. Allí pueden observar el horizonte. ¡Los visitantes más osados miran hacia abajo a través de tres placas de vidrio redondas que están en el suelo! ¿Te animarías a hacer lo mismo?

EXPLOREMOS LAS MATEMÁTICAS

Imagina que se va a instalar una pared de televisores en el vestíbulo de la sede de la TVCC para los visitantes. Hay 50 televisores. Cada televisor es un cuadrado que mide 1 metro de cada lado. La pared tiene 5 metros de alto y 10 metros de anchura.

1. ¿Cuáles son tres maneras en que puedes hallar el área de la pared? ¿Te darán la misma respuesta? ¿Cuál es la manera más eficaz?

2. ¿Entrarán todos los 50 televisores en la pared? ¿Habrá lugar para más?

Robot en el río

Tailandia es un país formado por pequeñas ciudades. De hecho, Bangkok es la única ciudad grande. Bangkok es conocida por sus palacios y templos antiguos. Pero estos se encuentran en medio de la tecnología moderna.

En la vera del río Chao Phraya se erige un enorme robot! ¿Cómo llegó hasta allí? Un día, el **arquitecto** Sumet Jumsai vio el robot de juguete de su hijo. ¡Y así de simple se inspiró y tuvo una idea! Esa idea se convirtió en una estructura de 20 pisos. Este robot de aspecto amable recuerda a las personas que el banco que alberga es moderno y usa tecnología.

Es divertido ver el edificio Robot. Pero sus partes también tienen un objetivo. Los ojos son ventanas. Los párpados protegen del sol. Las antenas son pararrayos. Por la noche, ¡el robot cobra vida! Bueno… en cierta forma. Los ojos entretienen a las personas porque "guiñan" al son de la música.

El edificio Robot

Detrás de los "ojos" del robot están el salón comedor y una sala de reuniones. Imagina que estos son sus planos.

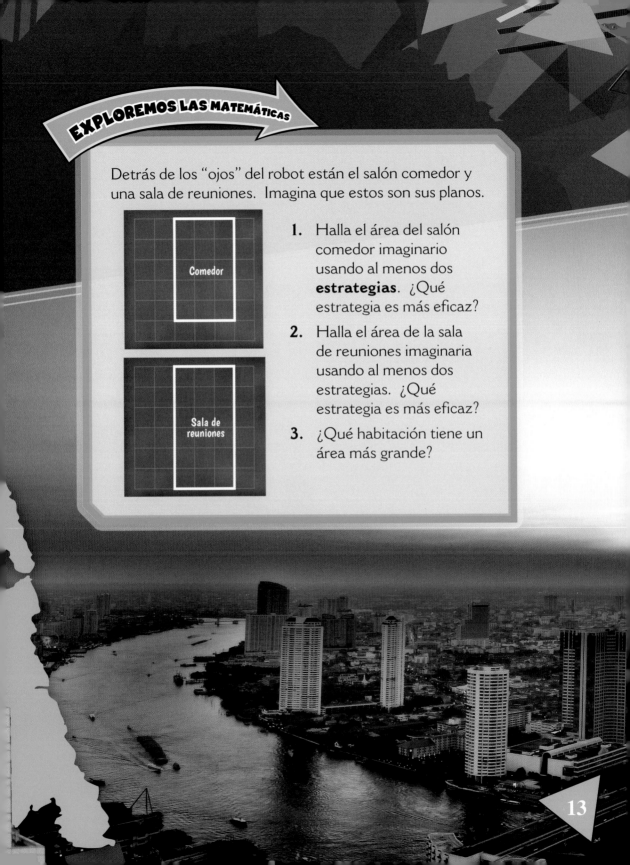

Comedor

Sala de reuniones

1. Halla el área del salón comedor imaginario usando al menos dos **estrategias**. ¿Qué estrategia es más eficaz?

2. Halla el área de la sala de reuniones imaginaria usando al menos dos estrategias. ¿Qué estrategia es más eficaz?

3. ¿Qué habitación tiene un área más grande?

Apariencia natural

Por lo general, los rascacielos están en las ciudades. Pero los siguientes edificios toman elementos de la naturaleza. También cuentan con diseños **ecológicos**.

Haciendo olas

La temática de la torre Aqua en Chicago es el agua. Los balcones parecen olas. Pero también tienen un objetivo. Intentan **amortiguar** los fuertes vientos de la ciudad. De ese modo, los vecinos pueden estar en sus balcones y conversar sin tener que gritar.

Torre Aqua

La torre Aqua también es ecológica. Tiene un método para recolectar y reutilizar el agua de lluvia. Y las ventanas de vidrio son **resistentes al calor**. Están hechas para que el edificio use menos energía para enfriarse.

Actualmente, la torre Aqua es el edificio más alto del mundo diseñado por una mujer. Jeanne Gang dirigió al equipo que diseñó la torre Aqua. Construyeron tiendas, oficinas y departamentos. En la cima hay un espacio al aire libre. Tiene jardines y una pista. Y la torre Aqua no estaría completa sin piscinas y jacuzzis.

EXPLOREMOS LAS MATEMÁTICAS

Imagina que una visitante de la torre Aqua se inspira para colocar tapetes rectangulares con diseños de agua en su casa. El tapete 1 tiene un diseño con olas y un área de 81 pies cuadrados. El tapete 2 tiene un diseño con gotas de lluvia y un área de 100 pies cuadrados.

1. El piso de su habitación tiene 9 pies de longitud por 10 pies de anchura. ¿Cuántos pies cuadrados necesitará para cubrir por completo el piso de su habitación? ¿Cómo lo sabes?

2. ¿Qué tapete debería elegir? ¿Por qué?

Jeanne Gang

15

Rascacielos horizontal

China es el hogar de muchos rascacielos. Hay uno que es famoso pero no por su altura. ¡Es un rascacielos horizontal! El Vanke Center se encuentra en Shenzhen, China. Sus torres no se elevan. En cambio, se extienden hacia los costados.

En su interior hay oficinas, apartamentos y un hotel. Las torres horizontales están apoyadas sobre ocho patas. ¡Parece que estuvieran flotando! Por la noche, las luces hacen que la parte interna inferior del edificio se ilumine.

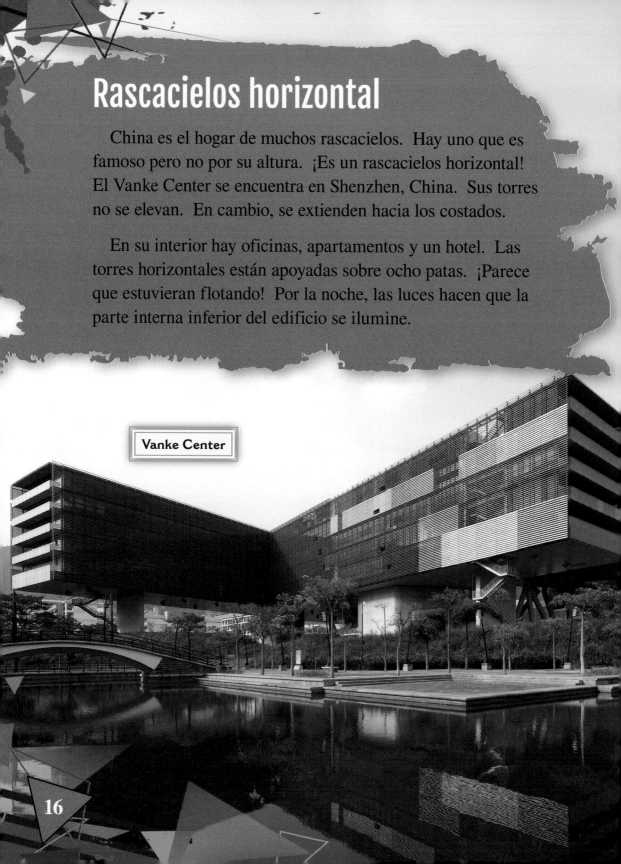

Vanke Center

El edificio se levanta sobre áreas con jardines ornamentales. Este espacio verde está abierto al público. Ofrece un espacio abierto con sombra para que la gente descanse. Los jardines tienen **vegetación** tropical. Hay pastos nativos, arbustos y jazmines. También hay un huerto. El alimento que se cultiva se consume en el Vanke Center. Toda esta vegetación se riega con agua de lluvia. El agua se filtra en el techo del edificio y se usa para los espacios verdes.

EXPLOREMOS LAS MATEMÁTICAS

Algunas de las áreas verdes del Vanke Center tienen formas poco comunes. Imagina que este es un plano de uno de esos espacios. ¿Cuántas unidades cuadradas de panes de césped se necesitarán comprar para este espacio imaginario?

1. ¿Cuál es el área de cada rectángulo en unidades cuadradas?

2. Usando las áreas de los rectángulos, calcula el área total del espacio verde imaginario.

3. ¿Hay rectángulos diferentes que se podrían usar para hallar el área de este espacio?

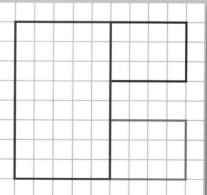

17

Verde y limpio

La torre Commerzbank se eleva unos 850 ft (260 m) sobre la ciudad de Fráncfort, Alemania. Eso la convierte en el edificio más alto de Alemania. ¡También es uno de los más ecológicos! Fue diseñado algo parecido a una flor. Las oficinas son los "pétalos". Estas rodean un gran atrio, que es el "tallo". El atrio tiene jardines elevados para ayudar a mantener el aire fresco.

Todo el edificio usa **ventilación**. Todas las ventanas se pueden abrir para permitir la entrada de aire fresco y luz. De ese modo, el edificio no usa tanta energía. Es raro que las personas necesiten encender la calefacción o un ventilador. De hecho, el edificio usa la mitad de la energía que otros rascacielos. Y solo se usan productos **biodegradables** para la limpieza. No dañan la naturaleza. No hay dudas de por qué la torre recibió el premio Green Building Frankfort.

Vista interior de la torre Commerzbank

Área verde en la torre Commerzbank

Torre Commerzbank

Aldar Headquarters

Poder animal

En el hogar, en la selva o en los zoológicos, los animales son una parte importante del mundo. También son una parte importante de algunos rascacielos.

La almeja

A 360 ft (110 m) por encima de una playa en Abu Dabi se eleva el edificio Aldar Headquarters. Fue el primer rascacielos del mundo con forma de círculo. Este edificio único posee un enrejado de acero en diagonal que lo sostiene. Al mirar el edificio con atención, verás que está hecho con dos círculos. Una franja delgada conecta los dos lados. Algunos piensan que parece un gran plato. Pero, en verdad, estuvo inspirado en una almeja.

Fue un arduo trabajo la construcción de un gran círculo. Pero los arquitectos contaban con tecnología. Hicieron modelos 3D en cada fase. Esto ayudó a resolver posibles problemas. También les ayudó a verificar que iban en camino a construir un círculo perfecto.

Dibujos como este ayudaron a los arquitectos a formar un círculo perfecto.

Koalas escaladores

En Australia, puedes encontrar koalas en los eucaliptos. Allí viven, comen las hojas y se sientan sobre las ramas. Una de las cosas que no suelen hacer los koalas es escalar los lados de los edificios. ¡Pero parece como si algunos koalas estuvieran haciendo exactamente eso en el Lippo Centre en Hong Kong!

Las dos torres tienen forma de octógonos. Grupos de ventanas sobresalen del resto del edificio. Algunos creen que las ventanas parecen grandes letras C. ¡Otros ven koalas abrazando troncos de árboles!

Aparte de cómo lucen las ventanas, ¡hay mucho para ver! Las personas que están en la parte trasera del edificio tienen vista al mar. Las personas del frente tienen vista a un gran parque. En el interior, todos están ocupados en las oficinas, en un banco y hasta en una librería.

Los empresarios pueden alquilar oficinas en el Lippo Centre. Si una oficina rectangular con vista al jardín tiene un área de 80 pies cuadrados, ¿cuáles son las longitudes y las anchuras posibles de la oficina?

Lippo Centre

Un elefante enorme

Existe un dicho muy antiguo que afirma que "un elefante nunca olvida". Y los visitantes de Tailandia nunca olvidarán que el elefante es el animal nacional. Hay elefantes en camisetas, tazas y lapiceras. Pero por si a alguien se le olvida, ahí hay un rascacielos para recordárselos.

Torre Elefante

Sumet Jumsai construyó la torre Elefante. ¡Así es! ¡Es el mismo arquitecto que hizo el edificio Robot! Jumsai y su equipo usaron tres bloques para formar el "cuerpo". Hicieron los "ojos" con ventanas redondas. Luego, las plataformas se convirtieron en "orejas". El equipo hasta construyó partes que parecían colmillos y una cola.

Sumet Jumsai

Los 32 pisos albergan apartamentos, oficinas y un centro comercial. Incluso hay una escuela en su interior. Si bien este edificio es una maravilla para admirar, a algunos no les gusta. De hecho, ¡una vez fue votado como uno de los edificios más feos del mundo!

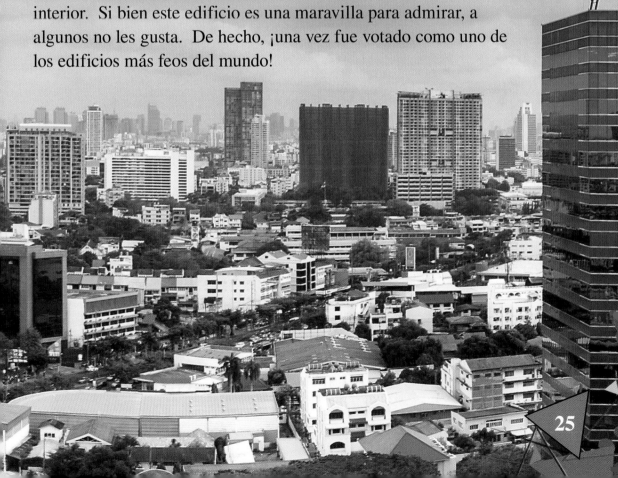

¿Y ahora qué?

Durante muchos años, los rascacielos se destacaban solo por la altura. Los equipos competían por construir el más alto. ¡Parecía como si todo el tiempo fueran a subir y subir! En cuanto un rascacielos se construía, ya se estaba planeando uno más alto. Pero las cosas han cambiado. Parece que la altura no es suficiente para los rascacielos nuevos.

Rascacielos se elevan por encima de Londres.

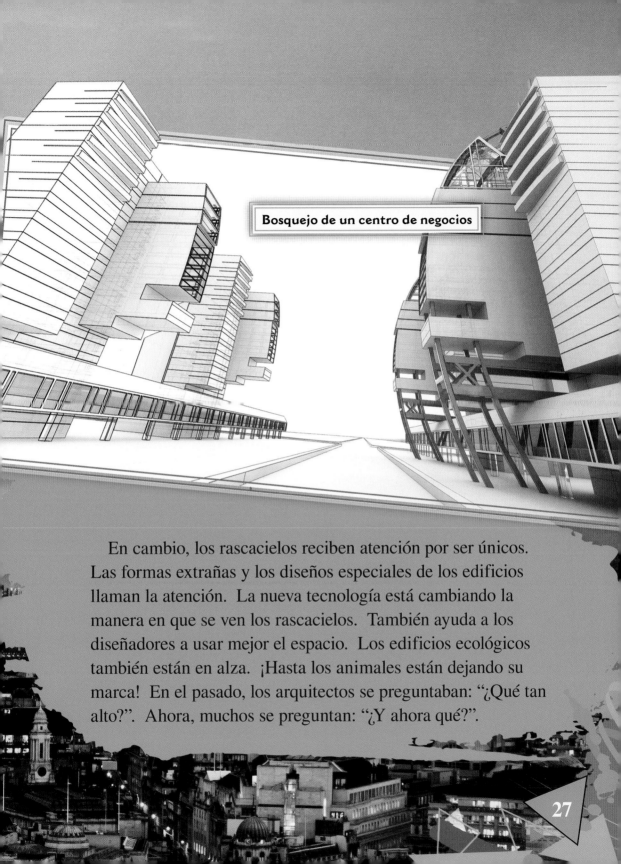

Bosquejo de un centro de negocios

En cambio, los rascacielos reciben atención por ser únicos. Las formas extrañas y los diseños especiales de los edificios llaman la atención. La nueva tecnología está cambiando la manera en que se ven los rascacielos. También ayuda a los diseñadores a usar mejor el espacio. Los edificios ecológicos también están en alza. ¡Hasta los animales están dejando su marca! En el pasado, los arquitectos se preguntaban: "¿Qué tan alto?". Ahora, muchos se preguntan: "¿Y ahora qué?".

Resolución de problemas

Cada rascacielos que ves fue planificado primero por un arquitecto. Comienzan haciendo un **plano**. Se trata de un dibujo detallado de un edificio. Incluye medidas de todas las habitaciones.

¡Ahora es tu oportunidad de ser arquitecto! Tu desafío es diseñar un piso de tu superrascacielos. ¿Qué te inspira? ¿Te gusta la tecnología? ¿Tal vez eres un fanático de la naturaleza? Quizás algún animal favorito será parte de tu inspiración. ¡Usa tu imaginación!

Asegúrate de que las habitaciones sean rectángulos o formas que puedan hacerse con rectángulos. Y asegúrate de dibujar el contorno de cada habitación en papel cuadriculado. Luego de dibujar el plano de uno de los pisos del edificio, responde las preguntas.

1. ¿Cuántas habitaciones incluiste?

2. Halla el área de cada habitación en unidades cuadradas contando los cuadrados.

3. Ahora, halla el área de cada habitación en unidades cuadradas usando una estrategia diferente. Explica cómo sabes que tu estrategia funciona.

4. ¿Cuál es el área total de tu plano?

Glosario

amortiguar: actuar como barrera protectora

arquitecto: una persona que diseña edificios

atrio: un área abierta con ventanas dentro de un edificio que sirve para permitir que la luz natural ingrese desde arriba

biodegradables: capaces de descomponerse mediante los procesos naturales y las bacterias

distintivas: notablemente diferentes

ecológicos: que no dañan el medioambiente

estrategias: métodos pensados para lograr objetivos particulares

plano: un plan detallado que muestra cómo se realizará algo

punto de referencia: una estructura o un objeto fácil de reconocer

resistentes al calor: que no se calientan fácilmente

sísmica: relacionada con un terremoto

vegetación: plantas que cubren un área específica

ventilación: un sistema que permite que el aire fresco ingrese y circule en un espacio

Índice

Soluciones

Exploremos las matemáticas

página 9:

1. 2; 3

2. 6; las estrategias variarán, pero pueden incluir sumar y contar de dos en dos.

3. 12; las estrategias variarán, pero pueden incluir contar o usar cuadrados para formar el rectángulo.

página 11:

1. Las estrategias variarán, pero pueden incluir suma repetida o multiplicación. Sí, la multiplicación es la estrategia más eficaz porque es la más rápida.

2. Sí, todos los televisores entrarán, pero no habrá lugar para más.

página 13:

1. 15 unidades cuadradas; las estrategias variarán.

2. 18 unidades cuadradas; las estrategias variarán.

3. Sala de reuniones

página 15:

1. 90 pies cuadrados; las estrategias variarán.

2. El tapete 1 porque el área del tapete 2 es más grande que el área del suelo.

página 17:

1. Las áreas de los rectángulos son 40, 12 y 12 unidades cuadradas.

2. $40 + 12 + 12 = 64$ unidades cuadradas

3. Sí, se pueden usar diferentes rectángulos y el área seguirá siendo 64 unidades cuadradas.

página 23:

Respuestas posibles: 1 ft por 80 ft; 2 ft por 40 ft; 4 ft por 20 ft; 5 ft por 16 ft; 8 ft por 10 ft; 10 ft por 8 ft; 16 ft por 5 ft; 20 ft por 4 ft; 40 ft por 2 ft; 80 ft por 1 ft.

Resolución de problemas

1. Las respuestas variarán. Todas las habitaciones deben ser rectángulos o estar compuestas por rectángulos.

2. Las respuestas variarán, pero deben estar en unidades cuadradas.

3. Las estrategias variarán, pero deben incluir una explicación de por qué funciona.

4. Las respuestas variarán. El área total se puede hallar sumando las áreas de todas las habitaciones.